D1728444

Unzertrennlich, sorglos und verrückt
Chinesische Gedichte über die Freundschaft

Unzertrennlich, sorglos und verrückt

Chinesische Gedichte über die Freundschaft

Chinesisch | Deutsch

Ausgewählt und übertragen von
Thomas O. Höllmann

WALLSTEIN VERLAG

Bibliografische Information der Deutschen Nationalbibliothek

Die Deutsche Nationalbibliothek verzeichnet diese
Publikation in der Deutschen Nationalbibliografie;
detaillierte bibliografische Daten sind im Internet über
http://dnb.d-nb.de abrufbar.

© Wallstein Verlag, Göttingen 2019
www.wallstein-verlag.de

Vom Verlag gesetzt aus der ArnhemFine
Umschlaggestaltung: Wallstein Verlag
unter Verwendung des Motivs
»Gelehrtentreffen« von Zhou Wenju (10. Jh.).
Druck und Verarbeitung: Hubert & Co, Göttingen

978-3-8353-3589-9

Inhalt

上邪

我欲與君相知
長命無絕衰
山無陵
江水為竭
冬雷震震
夏雨雪
天地合
乃敢與君絕

Beim Allmächtigen!

Will Dir ein treuer Gefährte sein: 7
unverbrüchlich, ein ganzes Leben lang.
Nur wenn die Gipfel abgetragen,
die Flüsse ausgetrocknet sind,
wenn es im Winter donnert
und im Sommer schneit,
wenn Himmel und Erde sich vereinen,
dann mach ich mich – vielleicht – davon.

Anonymus, vermutlich 2. Jh. v. Chr.

古詩

8

采葵莫傷根
傷根葵不生
結交莫羞貧
羞貧友不成

Altes Gedicht

Wenn Du Malven pflückst,
verletz die Wurzeln nicht,
sonst geh'n sie ein.
Wenn Du Dir Freunde wählst,
schau nicht aufs Geld,
sonst wird's misslingen.

Anonymus, vermutlich 1. Jh.

送應氏

清時難屢得
嘉會不可常
天地無終極
人命若朝霜
願得展嬿婉
我友之朔方
親昵並集送
置酒此河陽
中饋豈獨薄
賓飲不盡觴
愛至望苦深
豈不愧中腸
山川阻且遠
別促會日長
願為比翼鳥
施翮起高翔

Den Ying-Brüdern zum Geleit

Rar geworden sind die Friedenstage,
glanzvolle Feste zunehmend selten.
Himmel und Erde haben kein Ende,
doch des Menschen Leben ist flüchtig
wie der Morgentau. Gleichmut
und Gelassenheit will ich den
Gefährten wünschen vor ihrem
Aufbruch ins Barbarenland.

Zum Abschied sammeln
sich die Freunde, feiern
trunken am linken Ufer:
reich bestückt die Tafel,
die Becher niemals leer.
Tief ist das Empfinden, doch
in der Zukunft wartet Bitternis.
Fast vergehe ich vor Scham.

Unermesslich wie die Lande
sind die Tücken allerorten.
Immer näher rückt der Abschied,
unendlich fern noch liegt der Tag
der Wiederkehr. Könnten wir
doch nur, den Vögeln gleich, in die
Lüfte aufsteigen und – Schwinge
an Schwinge – davonfliegen.

Cao Zhi, vermutlich 211

詠懷詩

炎暑惟茲夏
三旬將欲移
芳樹垂綠葉
清雲自逶迤
四時更代謝
日月遞差馳
徘迴空堂上
怳怛莫我知
願睹卒歡好
不見悲別離

Weise von den Empfindungen

Noch vier Wochen! Erst dann
wird die Glut der Sommerhitze
schwinden. Schon jetzt aber
welken die Blätter am duftenden
Gehölz, wölben sich Federwolken
über den Himmel. Die Jahreszeiten
ziehen vorüber, Sonne und Mond
lösen einander ab. Ich aber irre
durch endlose Hallen, betrübt,
weil niemand um mich weiß, sehne
mich nach lebenslanger Gewogenheit –
ohne Angst vor dem Abschiedsschmerz.

Ruan Ji, um die Mitte des 3. Jhs.

管鮑

知人未易，相知實難。
淡美初交，利乖歲寒。
管生稱心，鮑叔必安。
奇情雙亮，令名俱完。

Guan und Bao

Einen Menschen zu verstehen,
ist schon nicht ganz leicht,
richtig heikel wird es aber, wenn
zwei Gefährten umeinander wissen.
Ist Freundschaft anfangs noch
erfüllend, zerbricht sie oft an
Eigennutz und Widerborstigkeit.
Nur wenn Guan zufrieden war,
konnte Bao zur inneren Ruhe finden.
Leuchtendes Vorbild ist ihr
seltenes Einvernehmen: Es brachte
schließlich beiden Ruhm.

Tao Yuanming, 420

擬古

榮榮窗下蘭
密密堂前柳
初與君別時
不謂行當久
出門萬里客
中道逢嘉友
未言心相醉
不在接杯酒
蘭枯柳亦衰
遂令此言負
多謝諸少年
相知不忠厚
意氣傾人命
離隔復何有

Gedicht im alten Stil

Unter dem Fenster die Orchideen,
üppig blühend, vor dem Haus die Weide,
dicht belaubt. Niemand sagt beim
Abschied, wie lang die Trennung währt.
Auf einer Reise von zehntausend Meilen
findet sich manch trefflicher Freund: das Herz
trunken, bevor ein Wort gesprochen,
der Becher geleert. Unterdessen sind die
Orchideen verblüht, die Weiden kahl,
die Schwüre gebrochen. Nimm Dich
in Acht vor all den jungen Männern,
die nicht auf Dauer zueinander steh'n:
Einmal bereit, ihr Leben zu opfern, hindert
sie ein andermal nichts, das Weite zu suchen.

Tao Yuanming, 421

答龐參軍

我求良友
實覯懷人
歡心孔洽
棟宇惟鄰
伊余懷人
欣德孜孜
我有旨酒
與汝樂之
乃陳好言
乃著新詩
一日不見
如何不思

Antwort an Adjutant Pang

In Dir fand ich ihn: den wahren
Freund, nach dem ich immer suchte.
Benachbart waren die Quartiere,
in Einklang die Empfindungen,
im Gedächtnis haften blieb
Dein Trachten nach Vollkommenheit.

Gemeinsam genossen wir manch
edlen Tropfen, gute Gespräche
und das Ersinnen neuer Verse.
Waren wir indes geschieden,
und sei es nur für einen Tag,
erfasste uns ein tiefes Sehnen.

Tao Yuanming, 423

詠荊軻

君子死知己
提劍出燕京
素驥鳴廣陌
慷慨送我行

Opfergang

Ein Mann von Format
stirbt für den Freund,
der um ihn weiß. So
packt er sein Schwert
und macht sich davon,
geleitet von schnaubenden
Schimmeln, tief bewegt
vom Abschied auf dem
Korso der Residenz von Yan.

Tao Yuanming, 423

望兩溪

退尋平常時
安知巢穴難
風雨非攸吝
擁志誰與宣
倘有同枝條
此日即千年

Beim Ausblick auf die beiden Flüsse

Als ich der Welt entsagte auf der
Suche nach Genügsamkeit, da
ahnte ich noch nichts von den Miseren
des zurückgezogenen Lebens.
Wind und Regen sind mir einerlei,
aber es grämt mich, dass niemand da ist,
mit dem ich mich besprechen kann.
Hätte ich doch nur einen echten Freund!
Ein Tag käme tausend Jahren gleich.

Xie Lingyun, um 425

往北山

不惜去人遠
但恨莫與同
孤遊非情歎
賞廢理誰通

Auf dem Weg zum Nordberg

Mein Aufbruchsort liegt
weit zurück, doch das
schert mich nicht. Schade nur,
dass niemand bei mir ist!
Nicht weil mich die Einsamkeit
verdrießt, es gibt nur keinen, dem ich
mein Sinnen offenbaren kann.

Xie Lingyun, um 425

登石門最高頂

心契九秋幹
目翫三春荑
居常以待終
處順故安排
惜無同懷客
共登青雲梯

Gipfelanstieg

Mein Herz weiß sich eins
mit den kahlen Bäumen
des Herbstes, die Augen
schwelgen in den frischen
Knospen des Frühlings.
Ein genügsames Leben geht
dem Ende zu – im Einklang
mit dem Lauf der Dinge.
Nur schade, dass es keinen gibt,
der mit mir fühlt, auf dass wir
gemeinsam die Leiter besteigen,
die in die blauen Wolken reicht.

Xie Lingyun, um 425

送杜少府

城闕輔三秦
風煙望五津
與君離別意
同是宦遊人
海內存知己
天涯若比鄰
無為在歧路
兒女共沾巾

Amtmann Du mit auf den Weg gegeben

Die Hauptstadttürme halten Wacht,
wenn Du Dich aufmachst, dem Winde
und den Nebeln trotzend. Ich reise gleichfalls
auf Geheiß, verstehe Deinen Abschiedsschmerz.

Solange aber auf der Welt noch einer lebt,
der um Dich weiß, rückt selbst der Horizont
ganz nah. Musst daher auch nicht flennen
an dem Wegzweig wie ein Kind.

Wang Bo, um 667

留別王維

寂寂竟何待
朝朝空自歸
欲尋芳草去
惜與故人違
當路誰相假
知音世所稀
隻應守寂寞
還掩故園扉

In Gedanken an den Abschied von Wang Wei

In Abgeschiedenheit und Stille
trotz' ich der schweren Zeit,
müh' mich vergebens ab –
tagein, tagaus. Wie gern
wär' ich weit weg von hier,
das Tugendkraut zu pflücken!
Mich packt der Gram
fernab von dem Gefährten.
Kein Mann von Rang will
mehr mein Gönner sein,
und immer rarer wird die
Vertrautheit unter Freunden:
Bleibt nur der Rückzug
in die Einsamkeit
hinter dem alten Gartentor.

Meng Haoran, um 728

過故人莊

故人具雞黍
邀我至田家
綠樹村邊合
青山郭外斜
開軒面場圃
把酒話桑麻
待到重陽日
還來就菊花

Besuch auf dem Gehöft des alten Freundes

Zu Huhn und Hirse lud mich
der Freund auf seinen Hof:
umfriedet von dem frischen Laub
des Dorfhags, eingebettet in das
satte Grün der Berge. Durchs
offene Fenster auf die Beete schauend
erhoben wir die Becher, parlierten
über Hanf und Maulbeerbaum.
Wart' nur, bis das Herbstfest
kommt, dann rücke ich gleich
wieder an zur Chrysanthemenblüte.

Meng Haoran, vermutlich um 730

與諸子登峴山

人事有代謝
往來成古今
江山留勝跡
我輩復登臨
水落魚梁淺
天寒夢澤深
羊公碑尚在
讀罷淚沾襟

Die Besteigung des Xianshan mit Freunden

Im menschlichen Leben
wechseln Verlust und
Gewinn. Aus Gehen und
Kommen entstehen Einst
und Jetzt; nur Ströme und
Berge hinterlassen dauerhafte
Spuren. Zusammen ziehen
wir hinauf, um den Ausblick
zu genießen auf die vom
seichten Fluss umspülte
Insel und auf die Auen,
die bei Kälte weithin
sichtbar sind. Die Stele für
Yang Hu steht immer noch.
Beim Lesen der Inschrift
benetzen Tränen das Gewand.

Meng Haoran, erste Hälfte des 8. Jhs.

送陳章甫

聞道故林相識多
罷官昨日今如何

Chen Zhangfu zum Abschied

Mir ist zu Ohren
gekommen, dass
Du dort, wo Du
herstammst,
eine große Schar
von Freunden hast.
Gilt das auch heute
noch, nachdem Du
gestern Deines Amts
enthoben wurdest?

Li Qi, erste Hälfte des 8. Jhs.

送孟浩然

故人西辭黃鶴樓
煙花三月下揚州
孤帆遠影碧空盡
唯見長江天際流

Meng Haoran zum Geleit

Am Turm des gelben Kranichs
ein letztes Lebewohl dem alten Freund,
bevor's nach Yangzhou geht,
flussabwärts, im Dunst des dritten Monats.

Kaum zu erkennen das einsame Segel
im diffusen Blau des fernen Horizonts.
Dem endlosen Strom schaue ich nach,
bis er eins wird mit dem Himmel.

Li Bo, 730

前有樽酒行

君起舞

日西夕

當年意氣不肯傾

白髮如絲歎何益

Beim Bechern

Steh auf, mein Freund,
und tanz beim
letzten Abendlicht!
Wenn Du Dich jetzt
nicht amüsierst,
wann dann?
Darfst später nicht
mehr jammern mit
seidenweißem Haar!

Li Bo, 732

山中與幽人對酌

兩人對酌山花開
一盃一盃復一盃
我醉欲眠卿且去
明朝有意抱琴來

Mit dem Klausner zechend auf dem Berg

Blütenübersät der Hang,
auf dem wir beide einen zwitschern,
Becher um Becher und
dann noch einen hinterher.
Vom Trunke schläfrig dränge ich
zum Aufbruch: Kannst wiederkommen,
wenn Du willst, beim
Morgengrauen mit Deiner Zither.

Li Bo, 733

送友人

青山橫北郭
白水遶東城
此地一為別
孤蓬萬里征
浮雲遊子意
落日故人情
揮手自茲去
蕭蕭班馬鳴

Dem Freund zum Abschied

Nördlich des Stadtwalls
das dunkle Grün der Berge,
östlich davon die Gischt
der Flusswindung.

Von dort aus machst Du Dich davon:
dem einsamen Dörrkraut gleich,
aufgewirbelt und fortgeweht
über zehntausend Meilen.

Die Wolken geleiten Dich
auf Deinem Weg,
die Freundschaft trotzt
der Dämmerung!

Ein letztes Winken,
ein letztes Lebewohl:
Traurig wiehern
zum Abschied die Pferde.

Li Bo, 754

送殷淑

痛飲龍筇下
燈青月復寒
醉歌驚白鷺
半夜起沙灘

Yin Shu zum Geleit

An einem eisigen Wintertag

zechten wir bei
schwachem Laternenschein
unter den Bambuswipfeln,
als um Mitternacht ein weißer Reiher
von der Sandbank aufflog:
völlig verängstigt
von unserem Gegröle.

Li Bo, 754

友人會宿

滌蕩千古愁
留連百壺飲
良宵宜清談
皓月未能寢
醉來臥空山
天地即衾枕

Nächtliches Beisammensein mit Freunden

Den Kummer von tausend Generationen 49
haben wir ertränkt in hundert Kannen Bier.
Welch eine Nacht, was für Gespräche!
Lange hielt uns das Mondlicht wach,
doch jetzt liegen wir trunken
in der endlosen Ödnis der Berge:
über uns als Decke der Himmel,
darunter als Polster die Erde.

Li Bo, zwischen 750 und 760

哭宣城善釀紀叟

紀叟黃泉下
還應釀老春
夜台無李白
沽酒與何人

In Trauer um den alten Ji, den besten Brauer von Xuancheng

Ji, mein liebes Väterchen,
braust sicher noch im
Totenreich das alte Märzen.
Doch wer kauft's,
solange Li Bo
noch auf Erden weilt?

Li Bo, 761

送祖三

相逢方一笑
相送還成泣
祖帳已傷離
荒城復愁入
天寒遠山淨
日暮長河急
解纜君已遙
望君猶佇立

Zu San zum Geleit

Beim Wiedersehn
noch frohes Lachen,
beim Lebewohl
ein Tränenmeer.
Machst Dich davon
nach einem tristen
Abschiedsmahl,
lässt mich zurück
in der verwaisten Stadt.

Der Frost bringt Klarheit
in die fernen Berge,
der Fluss enteilt
der Dämmerung.
Rasch sind die Trossen
eingeholt. Dein Schiff
entschwindet, ich aber
harre aus, schau nur noch
traurig hinterher.

Wang Wei, um 725

送沈子福

楊柳渡頭行客稀
罟師蕩槳向臨圻
惟有相思似春色
江南江北送君歸

Shen Zifu zum Geleit

Kaum jemand unterwegs,
dort bei den Weiden,
von wo die Fähre übersetzt
mit stetem Ruderschlag.
Unser Sehnen gleicht den
Frühlingsfarben. Mit ihnen
wirst Du den Strom bald
wieder queren: zurück
in nördliche Gefilde.

Wang Wei, um 740

哭殷遙

人生能幾何　畢竟歸無形
念君等爲死　萬事傷人情
慈母未及葬　一女纔十齡
泱漭寒郊外　蕭條聞哭聲
浮雲爲蒼茫　飛鳥不能鳴
行人何寂寞　白日自淒清
憶昔君在時　問我學無生
勸君苦不早　令君無所成
故人各有贈　又不及平生
負爾非一途　痛哭返柴荊

In Trauer um Yin Yao

Wie lange auch das Leben währt,
am Ende kehren wir zurück ins
Nichts. Kummer überkommt mich
allenthalben, wenn ich daran denke,
wie Du dem Tod entgegensahst:
die Mutter immer noch am Leben,
die Tochter gerade einmal zehn.

Weithin vernehmbar ist das Schluchzen
aus dem bitterkalten Ödland jenseits
des Stadtwalls. Wolken durchziehen
die Weiten des Himmels, Vögel
gleiten lautlos durch die Luft. Den
Wanderer beschleicht die Einsamkeit
unter frostig-kalter Sonne.

Ich sollte Dich zur Erleuchtung geleiten,
doch es war schon zu spät. Wir gelangten
nicht mehr ans Ziel. Mit Gaben bedenken
Dich all die alten Gefährten. Jetzt, wo Du nichts
mehr davon hast! Es ist einfach erbärmlich.
Zu meiner Klausenpforte kehre ich zurück:
gramerfüllt, mit Tränen in den Augen.

Wang Wei, 748

柳浪

分行接綺樹
倒影入清漪
不學禦溝上
春風傷別離

Weidenwogen

Prächtige Bäume,
gepflanzt in Reih und Glied,
werfen Schatten,
klar wie Wellenkronen.
Ganz anders die Weiden
an den Palastgräben:
völlig zerrupft
vom Abschied
im Frühlingswind.

Wang Wei, um 750

送別

山中相送罷
日暮掩柴扉
春草年年綠
王孫歸不歸

Abschied

Inmitten der Berge
ein letztes Lebewohl,
bevor ich beim späten Abendlicht
die Klausenpforte schließe.
Das Gras wird wieder sprießen,
sobald der Frühling kommt,
Du aber, mein teurer Freund,
wie steht's mit Dir?
Gibt's jemals eine Wiederkehr?

Wang Wei, um die Mitte des 8. Jhs.

送元二

渭城朝雨挹輕塵
客舍青青柳色新
勸君更盡一杯酒
西出陽關無故人

Yuan Er zum Geleit

Weicheng: Der Morgenregen hat die Stadt
vom Staub befreit. Rund ums Quartier
kräftiges Grün, die Weiden sprießen.
Wir sollten unbedingt noch einen heben!
Westlich des Yang-Passes wirst Du
auf keine alten Freunde treffen!

Wang Wei, um die Mitte des 8. Jhs.

貧交行

翻手作雲覆手雨
紛紛輕薄何湏數
君不見管鮑貧時交
此道今人棄如土

Freundschaft in Zeiten der Not

Unstet und sprunghaft
wie der rasche Wechsel
von Wolken und Regen
ist die Vielzahl der Gefährten.
Wer schert sich noch
um Guan und Bao,
die einst zusammenhielten,
nicht nur in guten Tagen?
Die noble Haltung,
sie gilt nichts mehr,
wird abgeklopft
wie Straßenstaub.

Du Fu, um 745

夢李白

死別已吞聲
生別常惻惻
江南瘴癘地
逐客無消息
故人入我夢
明我長相憶
恐非平生魂
路遠不可測
魂來楓葉青
魂返關塞黑
君今在羅網
何以有羽翼
落月滿屋樑
猶疑照顏色
水深波浪闊
無使蛟龍得

Träumend von Li Bo

Trennt uns der Tod,
verweigern sich die Worte,
trennt uns das Leben,
zerreißt es gar das Herz.

In der Verbannung musst Du
leben, südlich des Stroms, wo
kaltes Fieber lauert. Vergebens
warte ich auf Nachricht.

In meine Träume hast
Du Dich geschlichen,
alter Freund, so sehr
sehn ich mich nach Dir,

trotz riesiger Entfernung! Kann
aber nicht ergründen, wer mir
im Schlaf erscheint. Ist es
der Mensch oder sein Totengeist,

der kommend aus dem lichten
Grün des Ahornwalds
entschwindet in das Dunkel
am bewehrten Pass?

Gefangen bist Du nun
im Netz der Obrigkeit –
oder verhalfen etwa
Flügel Dir zur Flucht?

Der sinkende Mond
erhellt die Kammer,
wirft Deine Züge
an die Decke.

Pass auf! Lass Dich nicht
von den Drachen packen,
dort, wo die Wasser tief
sind und die Wogen endlos!

Du Fu, 759.

狂夫

厚祿故人書斷絕

恆飢稚子色淒涼

欲填溝壑唯疏放

自笑狂夫老更狂

Der Sonderling

Keine Briefe mehr von
wohlbestallten Freunden!
Die Kinder hungern,
werden immer blasser.
Wollte doch sorglos sein,
bevor ich in der Gosse
ende: ein Sonderling,
der über sich selbst lacht,
ein Narr, der älter wird
und immer übermütiger.

Du Fu, 760

莫相疑

晚將末契托年少
當面輸心背面笑
寄謝悠悠世上兒
不爭好惡莫相疑

Lasst die Unterstellungen

Erst jetzt, als alter Mann,

trag ich den Nachgeborenen
die Freundschaft an. Auch
wenn sie sich redlicher
geben, als sie sind, und hinter
meinem Rücken feixen.
Ihr feigen Schnösel,
Euch allen sei's gesagt:
Wir stehen nicht im Wettstreit,
lasst also die Unterstellungen!

Du Fu, 765

別常征君

兒扶猶杖策
臥病一秋强
白髮少新洗
寒衣寬總長
故人憂見及
此別淚相望
各逐萍流轉
來書細作行

Dem ehrenwerten Herrn Chang zum Abschied

Über den Herbst hinaus lag ich darnieder,
jetzt lebe ich auf Sohn und Stock gestützt:
das weiße Haar mit jedem Waschen
schütterer, die Winterkleidung reichlich weit.
Sorgst Dich wohl um mich, alter Gefährte!
Mit Tränen in den Augen scheiden wir,
blicken einander traurig hinterher.
Der Entengrütze, die auf dem Wasser
treibt, gleicht unser beider Los.
Wenn Du mir Briefe schickst, dann
unbedingt ganz eng beschrieben!

Du Fu, 765

哭李尚書

76

漳濱與蒿里
逝水竟同年
相知成白首
此別間黃泉
風雨嗟何及
江湖涕泫然

In Trauer um Minister Li

Nicht einmal ein Jahr
ist verstrichen zwischen
Erkrankung und Tod.
In Freundschaft sind wir
ergraut, doch nun bist Du
für immer davongegangen
in die Gefilde jenseits der
Gelben Quellen. Wind
und Regen, wozu taugen
sie jetzt noch? Bäche
von Tränen vereinen sich
zu Flüssen und Seen.

Du Fu, 768

雲陽館與韓紳宿別

故人江海別
幾度隔山川
乍見翻疑夢
相悲各問年
孤燈寒照雨
深竹暗浮煙
更有明朝恨
離杯惜共傳

Wiedersehen

Seit einer Ewigkeit getrennt durch
Fels und Flut, mein alter Freund,
trafen sich ganz unvermittelt unsere
Blicke: fast wie im Traum. Kälte und
Regen trotzend, beklagten wir unter
einsamer Laterne das Los der letzten Jahre.
Nun aber steigen Dunstschwaden auf aus
dunklem Bambusgrund. Mir graut vor dem
nächsten Morgen! Lass uns zum Abschied
noch den einen oder andren Becher leeren!

Sikong Shu, zweite Hälfte des 8. Jhs.

秋夜

懷君屬秋夜
散步詠涼天
空山松子落
幽人應未眠

Herbstnacht

Die klirrende Kälte
in Gedichten besingend,
denk' ich an Dich
bei meinem Streifzug
durch die Herbstnacht.
Schläfst wohl noch nicht
in Deiner Klause, dort,
wo inmitten einsamer Berge
die Kiefernzapfen fallen.

Wei Yingwu, um 788

大梁送柳淳先入關

青山輾為塵
白日幹閒人
自古推高車
爭利西入秦
王門與侯門
待富不待貧
空攜一束書
去去誰相親

Liu Chun zum Geleit

Zu Staub zermahlen von den
Wagenrädern sind die grünen Berge.
Unter sengender Sonne gönnt sich
niemand eine Rast. Seit urdenklichen
Zeiten holpern hochbepackte Karren
westwärts in die Metropole, um den
Profit zu mehren: Dort, wo die Pforten
der Erlauchten nur für die Reichen
offen stehen, nicht aber für die Bedürftigen.
Vergeblich ziehst Du immer weiter
mit Deinem Bücherbündel unterm Arm:
Wie willst Du da Freunde finden?

Meng Jiao, 806

同宿聯句

清琴試一揮
白鶴叫相喑
欲知心同樂
雙繭抽作絃

Unter einem Dach

Auf den reinen Klang
der Zither antwortet
schon beim ersten Ton
der Ruf des weißen
Kranichs. Will einer
wissen, wie wir unsere
Freude teilen, dann
denk' er nur an einen
Seidenfaden, der aus
den Fasern zweier
Kokons gehaspelt ist.

Meng Jiao, 806

交遊者

長安交遊者
貧富各有徒
親朋相過時
亦各有以娛
陋室有文史
高門有笙竽
何能辯榮悴
且欲分賢愚

Cliquen

Unter denen, die sich
anfreunden in Chang'an,
bilden die Mittellosen
und die Vermögenden
jeweils eigene Zirkel.
Entsprechend ungleich
ist der Zeitvertreib:
Während die Habenichtse
in ihren Kammern über
Literatur und Geschichte
diskutieren, vergnügen sich
die noblen Herren in ihren
Palais zum Klang der Flöten.
Warum soll man eigentlich
Glanz und Genügsamkeit
voneinander scheiden?
Viel lieber würde ich
die Weisen und die Toren
auseinanderhalten.

Han Yu, um 790

送友人

水國蒹葭夜有霜
月寒山色共蒼蒼
誰言千里自今夕
離夢杳如關塞長

Einem Freund zum Geleit

Vom Reif überzogen ist das nächtliche
Röhricht im Land der Flüsse und Seen.
Nur noch schemenhaft-fahl erscheinen
im eisigen Mondlicht die Berge.
Wessen Stimme werde ich wohl in dieser
Nacht vernehmen über tausend Meilen hinweg?
Nicht enden wollenden Grenzpässen gleich
überwinden die Träume jede Distanz.

Xue Tao, um 800

送姚員外

萬條江柳早秋枝
襄地翻風色未衰
欲折爾來將贈別
莫教煙月兩鄉悲

Dem außerordentlichen Bevollmächtigten
Yao mit auf den Weg

Von den zehntausend Weiden,
die das Ufer säumen, will ich
Dir einen Zweig als Abschiedsgabe
brechen im frühen Herbst:
bodenlang und windgepeitscht,
aber noch nicht völlig welk.
Auf dass sich, hier wie da,
keine Melancholie breitmacht.

Xue Tao, um 800

代書詩

身名同日授
心事一言知
肺腑都無隔
形骸兩不羈
疏狂屬年少
閒散為官卑

Gedicht anstelle eines Briefs

Am selben Tag bestanden wir
die Prüfung mit Bravour,
bei den Empfindungen reichte ein Wort,
und wir verstanden uns.
Beste Freunde, unzertrennlich,
verbrachten wir die jungen Jahre
sorglos, verrückt und völlig überdreht:
kleine Beamte zwar, doch in den
Mußestunden gänzlich unverkrampft.

Bo Juyi, 810

元日對酒

今朝吳與洛
相憶一欣然
夢得君知否
俱過本命年

Zechend am Neujahrstag

Heute Morgen
gedenken wir
einander frohgemut:
Du in Suzhou
und ich in Luoyang.
Weißt Du überhaupt,
mein Freund,
dass für uns beide
jetzt ein neues
Leben beginnt?

Bo Juyi, 833

贈夢得

年顏老少與君同
眼未全昏耳未聾
放醉臥爲春日伴
趁歡行入少年叢
尋花借馬煩川守
弄水偷船惱令公
聞道洛城人儘怪
呼爲劉白二狂翁

Eskapaden

Gleich alt sind wir an Jahren,
Du und ich: die Augen noch nicht
völlig blind, die Ohren noch nicht
gänzlich taub. Total benebelt
lungern wir herum an diesen
Frühlingstagen, mischen uns
unter die Jugend, begierig nach Spaß.

Den Herrn Minister haben wir vergrätzt
bei unserer Suche nach den Blumen,
Seine Erlaucht durch das Stibitzen eines
Boots. Wenn wir in Luoyang nach der Straße fragen,
sind die Leute ganz verdutzt und schelten
uns die beiden alten Spinner Liu und Bo.

Bo Juyi, 837

贈夢得

前日君家飲
昨日王家宴
今日過我廬
三日三會面
當歌聊自放
對酒交相勸
爲我盡一杯
與君發三願
一願世清平
二願身強健
三願臨老頭
數與君相見

Liu Yuxi gewidmet

Vor zwei Tagen haben wir
bei Dir gepichelt, gestern
bei den Wangs gespeist,
heut' kommst Du bei mir vorbei.
Drei Treffen in drei Tagen.
Singen und trinken lass uns
in gelöster Stimmung! Leer'
den Becher auf mein Wohl!
Drei Dinge wünsch' ich Dir und mir:
als Erstes eine Zeit des Friedens;
als Zweites Kraft und Wohlbefinden;
als Drittes ab und an ein Wiederseh'n,
bevor wir beide klapprig werden.

Bo Juyi, um 840

哭劉尚書夢得

四海齊名白與劉
百年交分兩綢繆
同貧同病退閒日
一死一生臨老頭
杯酒英雄君與操
文章微婉我知丘
賢豪雖歿精靈在
應共微之地下游

In Trauer um Minister Liu Yuxi

Gemeinsam waren wir in aller
Munde als Meister Bo und Liu.
Bis zum Tode unzertrennlich
teilten wir Armut, Krankheit
und den Rückzug aus dem Amt:
Du als trinkfester Kämpe,
ich als sensibler Schreiberling.
Von uns zweien lebt jetzt nur noch einer,
und der ist bald ein alter Mann.
Auch große Denker müssen scheiden,
ihr Geist jedoch lebt weiter – und
amüsiert sich in der Unterwelt.

Bo Juyi, 842

感舊

篋中亦有舊書舀
紙穿字蠹成灰塵
平生定交取人窄
屈指相知唯五人
四人先去我在後
一枝蒲柳衰殘身
豈無晚歲新相識
相識面親心不親
人生莫羨苦長命
命長感舊多悲辛

In dankbarer Erinnerung an die alten Freunde

In meinen Kästen
liegen noch die Briefe
der einstigen Gefährten:
zu Staub zerfallen meist
durch den Insektenfraß.
Wenn man im Leben
wahre Freundschaft sucht,
dann gibt's nur wenige
Getreue. Wir waren zu fünft,
mich eingeschlossen!
Die anderen vier sind
längst nicht mehr. Ich blieb
allein zurück: ein ausgezehrter
Greis, ähnlich dem einsamen
dürren Weidenzweig.
Wie kommt es nur, dass man
von den Menschen, die einem
in späten Jahren begegnen,
lediglich das Äußere wahrnimmt,
nicht aber die innere Haltung?
Beneide nicht die Alten!
Unter treuen Freunden
haben die, die länger leben,
den größeren Kummer.

Bo Juyi, 842

寄京華親故

海畔尖山似劍芒
秋來處處割愁腸
若爲化身得千億
散上峰頭望故鄉

An meine Freunde in der Hauptstadt

Wie die Dolchspitzen, die sich jeden Herbst
in meinen gepeinigten Leib bohren,
muten sie an: die kegelförmigen Berge
entlang der Gestade. Könnte ich mich
doch nur aufspalten und Millionen von
Doppelgängern auf die Gipfel verteilen,
damit sie von dort Ausschau halten nach der Heimat.

Liu Zongyuan, um 817

夢李紳

孤吟獨寢意千般
合眼逢君一夜歡
慚愧夢魂無遠近
不辭風雨到長灘

Träumend von Li Shen

Einsam und allein ging ich ins Bett,
Gedichte murmelnd, den Kopf voll
mit tausend Gedanken. Kaum waren
die Augen geschlossen, gewahrte ich Dich,
und wir verbrachten eine launige Nacht.
Schade nur, dass der Traum nicht scheidet
zwischen fern und nah! Immerhin
vermochten Sturm und Regen Deinen
Weg hierher so nicht zu hindern.

Yuan Zhen, 815

酬樂天頻夢微之

山水萬重書斷絕
念君憐我夢相聞
我今因病魂顛倒
惟夢閒人不夢君

Dankschreiben an Bo Juyi, der regelmäßig von mir träumt

Berge und Flüsse liegen 109
zwischen uns in großer Zahl,
erschweren den Austausch
der Briefe. Du seist besorgt,
so lese ich, siehst mich im Schlaf.
Kränkelnd, die Seele aus dem
Gleichgewicht, träum' ich
nur noch von Taugenichtsen,
aber nicht von Dir.

Yuan Zhen, 818

感事

富貴年皆長
風塵舊轉稀
白頭方見絕
遙為一沾衣

Befindlichkeit

Wohlstand und Achtung wachsen Jahr für Jahr, 111
die Karriere aber lässt die Zahl der alten Freunde
schwinden. Die Haare mittlerweile weiß, haben
wir einander ewig nicht gesehen. Dennoch gibt es
in der Ferne einen, der mich zu Tränen rührt.

Yuan Zhen, 821

冬夜寄溫飛卿

苦思搜詩燈下吟
不眠長夜怕寒衾
滿庭木葉愁風起
透幌紗窗惜月沈
疏散未閒終遂願
盛衰空見本來心
幽棲莫定梧桐處
暮雀啾啾空繞林

Für Wen Feiqing anlässlich einer Winternacht

Von Wehmut erfasst such' ich nach
Versen, murmle sie vor mich hin
beim Schein der Lampe: ohne Schlaf,
die ganze Nacht, fröstelnd in kalten Decken.
Ich fühle mit dem Wind, der den Hof
mit Blättern füllt, bedauere den Mond,
der sich hinter das verhangene Fenster senkt.
Selbstvergessen, aber nicht müßig, folge ich
den Neigungen, löse mich vom Auf und Ab
des Alltags, finde meine Bestimmung in der
Abgeschiedenheit: dem tschilpenden Spatz gleich,
der nicht auf dem Phönixbaum nistet, sondern
in der Dämmerstunde über den endlosen Hain fliegt.

Yu Xuanji, um 865

菩薩蠻

勸君今夜須沉醉

樽前莫話明朝事

珍重主人心

酒深情亦深

須愁春漏短

莫訴金杯滿

遇酒且呵呵

人生能幾何

Zur Aufmunterung eines Freundes

Nur zu, mein Bester, betrink' Dich
ruhig in dieser Nacht! Sprich aber
bitte nicht von morgen, solang die Kanne
vor Dir steht. Rühme indes den Herrn
des Hauses: Nicht nur sein Trank ist nobel,
sondern auch die Haltung. Sei kein
Griesgram in dieser kurzen Frühlingsnacht,
in der der Goldkelch gut gefüllt ist!
Greif' lieber zu und amüsier' Dich!
Wer weiß, wie oft die Chance wiederkehrt.

Wei Zhuang, zweite Hälfte des 9. Jhs.

永叔喪女

哀樂相恤唯己知
自古壽夭不可詰
天高杳杳誰主之

Zum Tod von Ouyang Xius Tochter

Trauer und Freude kann man
nur mit engen Gefährten teilen;
denn fassungslos macht uns das
lange Leben genauso wie der frühe
Tod. Der Himmel ist so fern, so
weit, wer sind wir schon, dass wir
ihm etwas auferlegen könnten?

Mei Yaochen, 1045

秋懷

念我老於詩
我髮實種種
而後傷故人
故人多作家
陰風夜木噪
窸窣聞鬼悚

Herbstgedanken

Gealtert sei ich, fürchtest Du,
in einem Leben voller Poesie.
Ich kann's nicht leugnen, die
Haare werden immer schütterer.
Bekümmert sind wir ob der
alten Freunde – die meisten
liegen längst im Grab. Im
nächtlich kühlen Wind ächzen
die Bäume: angsteinflößend
wie das Säuseln der Geister.

Mei Yaochen, 1047

歡喜吟

歡喜又歡喜
喜歡更喜歡
吉士為我友
好景為我觀
美酒為我飲
美食為我餐
此身生長老
儘在太平間

Vom Glück

Heiter bin ich und vergnügt,
hochgestimmt vor lauter Glück.
Kein Wunder: Nette Freunde,
schöne Aussicht, gutes Bier
und edle Speisen.
Geboren, gereift, gealtert:
Alles zu seiner Zeit
und in einer Periode des Friedens.

Shao Yong, um 1070

別歲

故人適千里
臨別尚遲遲
人行猶可復
歲行那可追

Jahreswechsel

Wenn ein alter Freund
aufbricht zu einer weiten
Reise, zieht sich der Abschied
ewig hin. Vielleicht kehrt er
gleichwohl zurück. Was aber,
wenn die Jahre vergehen:
Wer bringt sie uns wieder?

Su Shi, 1082

八老會

同榜同僚同里客
班毛素髮入華筵
三杯耳熱歌聲發
猶喜歡情似少年

Das Treffen der acht alten Herren

Gleiches Examen, gleicher Rang,
alle hier daheim. Graue Strähnen,
weißes Haar, wohin man in der Runde
blickt. Schon nach drei Humpen
sind die Ohren rot, die Lieder weithin
hörbar: vergnügt und unbeschwert
wie einst in jungen Jahren.

Han Wei, um 1090

哭薛子舒

醫自金壇至
猶言疾可為
瀕危人未信
聞死世皆疑
友共收殘稿
妻能讀殮儀
借來書冊子
演淚付孤兒

Trauer um Xue Zishu

›Der wird schon wieder‹,
meinte der Arzt aus Jintan.
Niemand dachte an etwas Ernstes!
Als uns dann die Nachricht
von seinem Tod erreichte,
wollte es zunächst keiner glauben.
Jetzt aber macht sich die Witwe
kundig in den Regelwerken
über die Bestattungsriten,
und die Freunde ordnen die Schriften,
die er hinterließ. Die Bücher,
die ich von ihm entliehen hatte,
gebe ich, die Tränen mühsam verbergend,
zurück an seinen Sohn.

Liu Kezhuang, um die Mitte des 13. Jhs.

Vom Glück, umeinander zu wissen

Ein Nachwort

Freundschaft war im alten China Männersache und den Angehörigen der Bildungseliten vorbehalten. Das ist zumindest der Eindruck, den man bei der Lektüre philosophischer Traktate, historiographischer Abhandlungen und unterhaltsamer Erzählungen gewinnen muss. In der Poesie war das nicht anders, und das hatte einen einfachen Grund: Der Anteil der Schriftkundigen an der Gesamtbevölkerung lag im einstelligen Prozentbereich.

Bei den Frauen war die Analphabetenrate noch erheblich höher als bei den Männern, und der Zugang zu einer Beamtenkarriere, der wichtigste Impuls für den Umgang mit Literatur, blieb ihnen verwehrt. Über die Beziehungsgeflechte jenseits von Oberschicht und Männerwelt wissen wir daher nur sehr wenig, und so kann man bei der Durchsicht von Dichterbiographien leicht zu der Auffassung gelangen, die Lyrik diente in erster Linie der intellektuellen Selbstverwirklichung von Staatsbediensteten: darunter immer wieder führende Repräsentanten des Hofes wie etwa Wang Wei (701-761), Yuan Zhen (779-831) oder Su Shi (1037-1101).

Die Epoche, aus der die Gedichte dieses Bandes stammen, lässt sich wohl am besten mit dem Begriff der »frühen Kaiserzeit« umschreiben. Sie beginnt mit der Reichseinigung (221 v. Chr.) und endet mit der Eroberung Chinas durch die Mongolen (1279). Damit umfasst sie eineinhalb Jahrtausende, die nicht nur durch Frieden, Prosperität und Zuversicht gekennzeichnet waren, sondern auch durch Krieg, Elend und Hoffnungslosigkeit.

Die Bezeichnungen, die man in dieser Zeit für Personen verwendete, die im Deutschen zumeist als »Freunde« aufgefasst werden, waren allerdings mehrheitlich älter. So lässt sich das Zeichen *you*, das heute in fast jedem Kompositum (wie *pengyou* oder *youyi*) enthalten ist, das eine Beziehung anzeigt, die nicht durch verwandtschaftliche Bande definiert ist, bereits in der ersten Hälfte des 1. Jahrtausends v. Chr. auf Bronzeinschriften belegen –

wenn auch in anderer Bedeutung wie »Bruder« oder »Gefolgsmann«.

*

»Habe keine Freunde (*you*), die dir nicht ebenbürtig sind«, lautet eine Passage in dem Konfuzius (551-479) zugeschriebenen Lunyu. Allerdings bezieht sich dieser Appell nicht nur auf persönliche Vertrautheit und intellektuellen Gleichklang, sondern auch auf die Zugehörigkeit zur selben sozialen Schicht. Ein egalitärer Anspruch war damit also – entgegen zahlreichen späteren Deutungen – nicht unbedingt verbunden.

Überdies wurde die Freundschaft im Konfuzianismus als letzte Kategorie unter die »fünf Beziehungen« gerechnet: nach dem Vorrang des Vaters gegenüber dem Sohn, des Fürsten gegenüber dem Untertan, des Mannes gegenüber der Frau sowie des Älteren gegenüber dem Jüngeren. Warum aber sollte unter all den asymmetrischen Formen des Umgangs ein Typus völlig frei von hierarchischem Denken sein?

Schließlich folgt auch die Reihung der »fünf Beziehungen« nicht dem Zufallsprinzip. Vielmehr schrieb sie eine Rangfolge fest, bei der etwa das Prärogativ des Herrschers im Zweifelsfall weit mehr Gewicht hatte als das Ideal der Freundschaft. In der späten Kaiserzeit wurde diese Priorisierung freilich von einigen Autoren in Frage gestellt, und manche gingen sogar so weit, alle anderen gesellschaftlichen Bindungen der Freundschaft unterzuordnen. Insbesondere im 16. und 17. Jahrhundert wurde über dieses Thema eine intensive Diskussion geführt. Dazu trug im Übrigen auch der italienische Missionar Matteo Ricci (1552-1610) bei, der, angeregt durch das Gespräch mit einem entfernten Verwandten des Kaisers, 1595 ein vielgelesenes Buch in chinesischer Sprache verfasste, dem er den Titel »Über die Freundschaft« gab.

*

Zwar wird in der Literatur immer wieder die gegenseitige Verantwortung und Absicherung unter Freunden thematisiert, doch kann man, wenn beispielsweise Du Fu (712-770) darüber klagt, dass er »keine Briefe mehr von wohlbestallten Freunden« erhalte, durchaus den Eindruck gewinnen, er betrachte die »alten Gefährten« primär als Gönner innerhalb eines Klientelsystems. Zudem definierten sich manche der in der Dichtung beschriebenen Cliquen wohl weniger durch den internen, von Idealen geprägten Zusammenhalt als durch die soziale Abgrenzung gegenüber anderen Gruppen.

Die Bedeutungsvielfalt der chinesischen Bezeichnungen wie *you*, *youren* oder *guren* ist weitaus größer, als das die deutsche Übersetzung »Freund« im Allgemeinen vermitteln kann. So reicht das semantische Spektrum von »Gefährte« bis »Konsorte«, und der Umgang mit den Termini ist vielfach weniger von emotionaler Zuwendung bestimmt als in anderen Kulturen. Nur ein Begriff (*xiangzhi*) ist immer positiv besetzt und umfasst zwei oder mehr Personen, die »umeinander wissen«.

Das galt zumindest für die Eliten. Es bedeutet aber natürlich nicht, dass es jenseits der vom gelehrten Diskurs bestimmten »Seelenverwandtschaft« keine familienunabhängigen sozialen Bande gab: etwa unter Kameraden beim Militär, unter Kumpeln bei der Arbeit oder unter Kumpanen beim Zechen.

*

Als geradezu sprichwörtlich gilt in China bis heute die unverbrüchliche Freundschaft zwischen Guan Zhong und Bao Shuya, die im 7. Jahrhundert v. Chr. zunächst als Kaufleute zusammenarbeiteten und dann als Fürstenberater wirkten: der eine mittellos, ehrgeizig und flatterhaft, der andere wohlhabend, bescheiden und loyal. Fast immer steckte Bao zurück. Schließlich schlug er Guan sogar für das Amt des Kanzlers vor, einen Posten, für den er eigentlich selbst vorgesehen war. Reziprozität spielte in dieser Beziehung offenkundig keine Rolle, es wurde aber immerhin ein gewisses Maß an Dankbarkeit unterstellt: Zumindest legen das die Worte nahe, die ein Geschichtsschreiber Guan Zhong einige Jahrhunderte später in den Mund legte:»Geboren wurde ich zwar meinen Eltern, doch Bao allein ist mir vertraut.«

Zuweilen ging der Einsatz für einen Freund so weit, dass das eigene Leben aufs Spiel gesetzt oder bewusst geopfert wurde. Wird dieses Thema in der Lyrik angesprochen, kann damit natürlich zunächst einmal der starke Zusammenhalt zweier Gefährten veranschaulicht werden. Es kommt indes ein weiterer Aspekt hinzu: Oft geht es nämlich nicht um den gefahrvollen Beistand beim bevorstehenden Waffengang, sondern um die späte, risikoreiche Vergeltung für den gewaltsamen Tod eines treuen Kameraden oder respektierten Herrschers.

Der Verlust des vertrauten sozialen Umfelds galt stets als eine der schlimmsten Beeinträchtigungen des fortschreitenden Alters. »Unter treuen Freunden haben die, die länger leben, den größeren Kummer«, vermerkte Bo Juyi (772-846) voller Wehmut. Mitunter ging dieses Lamento mit einer Missbilligung des Werteverlusts einher, den man der jeweils nachfolgenden Generation unterstellte. Belastbar war die Bezichtigung wohl nicht unbedingt; schließlich war auch innerhalb der eigenen Altersgruppe nicht jede Freundschaft auf Dauer angelegt; denn »unstet und sprunghaft ist die Vielzahl der Gefährten, [...] die noble Haltung gilt nichts mehr, wird abgeklopft wie Straßenstaub«. (Du Fu)

*

Wo traf man sich? Die Angehörigen der Oberschicht wohl vorwiegend im Stadtpalais oder auf dem Landsitz, in späteren Epochen auch beim Polospiel oder im Nobelrestaurant. Meist mündeten die Zusammenkünfte in ein Zechgelage, und mancher Literat besang den Rausch denn auch gleich als Born seiner Kreativität:»Ich trinke nur aus einem Grund: um Gedichte zu schreiben, bis ich völlig benebelt bin.« (Han Yu, 768-824)

Mittellose Literaten hingegen, denen keine reichen Gönner zur Seite standen und für die ein gegenseitiger Besuch nicht in Frage kam, suchten meist einfache Schenken auf, deren Trostlosigkeit sich ohnehin nur im Rausch aushalten ließ. Während bei den Privilegierten – zumindest unter der Dynastie Tang – auch der Genuss von aromatisiertem Traubenwein üblich war, mussten sich die weniger Begüterten mit dem Konsum von Bier

zufrieden geben, dem während des Brauvorgangs ebenfalls Gewürze beigemischt wurden.

Wenn die Möglichkeit dazu bestand, führten gemeinsame Ausflüge gewöhnlich in die Berge: in jene Rückzugsgebiete also, die auch die Einsiedler als Orte der Kontemplation zu schätzen wussten. Schließlich erleichterte die Abgeschiedenheit nicht nur die individuelle Besinnung, sondern auch den intimen Gedankenaustausch im kleinen Kreis oder die Selbstvergewisserung von Gruppen. Mit der Entfernung von der gewohnten Umgebung löste man sich zunehmend von gesellschaftlichen Konventionen, und vielfach bekräftigte ein mehr oder minder ritualisierter Alkoholkonsum das Zusammengehörigkeitsgefühl – zumindest bis zur Rückkehr.

Dabei galt der Aufenthalt – und erst recht die Übernachtung – in der himmelsnahen Ödnis vermutlich selbst tatendurstigen jungen Männern als echtes Wagnis. »In die Berge begibt man sich nicht leichtfertig«, warnte beispielsweise der Gelehrte Ge Hong (283-343); denn dort drohten nicht nur Felsspalten, Steinschlag und Windbruch, sondern auch List und Tücke hinterhältiger Geister.

Ein vergleichbares Gefährdungspotential schrieb der daoistisch inspirierte Denker den Gewässern zu, die ebenfalls von Furcht gebietenden Dämonen beherrscht wurden, die zunächst besänftigt werden mussten. Zusammen bildeten Berge und Flüsse daher in der Lyrik häufig einen Gegenentwurf zur zivilisierten Welt und ein unwirtliches Niemandsland, das Freunde für lange Zeit auf Abstand halten konnte.

*

Andererseits ließen sich große Distanzen in weiten Teilen Chinas am besten auf Schiffen oder Booten überwinden. Mehr noch als die Veranschaulichung der Trennung ist das der eher triviale Grund, warum der Abschied, eines der zentralen Motive der chinesischen Poesie, immer wieder an den Ufern großer Wasserläufe angesiedelt wurde.

Nicht selten wurde der Aufbruch von einem größeren Gelage begleitet. Zudem war es zeitweilig üblich, dem Scheidenden frisch abgebrochene Zweige von Weiden (Aussprache *liu*) zu überreichen, um damit den Wunsch nach einem Verbleib (Aussprache ebenfalls *liu*) zu versinnbildlichen. Gute Freunde hielten danach aber zumeist auch über riesige Entfernungen hinweg den Kontakt: überwiegend durch Briefe, von denen nicht wenige in gebundener Form verfasst waren, einen hohen kalligraphischen Anspruch erfüllten und später literarischen Rang erlangten.

Um eine intensive zwischenmenschliche Beziehung in Worte zu fassen, die trotz räumlicher Trennung nicht auseinanderbricht, wurde in der Lyrik außerdem gerne die nächtliche Imagination bemüht: »In meine Träume hast Du Dich geschlichen, alter Freund, so sehr sehn ich mich nach Dir«, klagte beispielsweise Du Fu über die Abwesenheit seines in die Verbannung geschickten Gefährten Li Bo (701-762). Dabei war er unsicher, ob ihm »der Mensch oder sein Totengeist« erschienen war, und die Scheidung zwischen Realität und Illusion verlor zunehmend an Schärfe.

*

In Gedichten, die an einen bestimmten Adressaten gerichtet sind, mutet das »Sehnen« zuweilen noch etwas intensiver an, wobei es nicht immer einfach ist, zwischen freundschaftlicher Schwärmerei und erotischer Anspielung zu unterscheiden. Sexuelle Grenzgänge waren in der chinesischen Oberschicht weit verbreitet, und mancher Poet fühlte sich zu Frauen und Männern gleichermaßen hingezogen. Oder auch nur zu Männern.

Über die Freundschaft zu Frauen gewährt die Poesie nur sehr wenige und äußerst vage Anhaltspunkte, und umgekehrt sind die wenigen Zeilen von Dichterinnen, in denen das Thema – vielleicht – anklingt, kaum von verdeckter Liebeslyrik zu unterscheiden. Untereinander kommunizierten die schriftkundigen Damen offenbar eher selten mit Hilfe von Gedichten. Die »beste Freundin« war kein gängiges Motiv, zumindest nicht in den Texten, die später Eingang in die Anthologien fanden.

*

So lässt sich denn nicht jede Facette von Freundschaft rekonstruieren. Das ist zum einen der Überlieferungsgeschichte geschuldet, zum anderen aber auch einigen Besonderheiten der chinesischen Syntax, bei der Genus, Numerus, Tempus und Modus oft nur durch zusätzliche Informationen (beispielsweise Zahlwörter, Zeitangaben oder auf die Geschlechtszugehörigkeit verweisende Adjektive) zu erschließen sind.

Weitere Herausforderungen stellen das weite semantische Spektrum und die Bestimmung von Wortarten (also etwa Substantiv, Verb, Adjektiv, Adverb) dar. So kann ein und dasselbe Schriftzeichen (*you*) − je nach Kontext − nicht nur mit »Freund«, »Kamerad« oder »Kumpel« übersetzt werden, sondern auch mit »anfreunden«, »Kameradschaft« oder »kumpelhaft«, um nur eine kleine Auswahl an Möglichkeiten zu benennen. Hinzu kommt eine reichhaltige Metaphorik, die häufig mehrere Zugänge für das Verständnis eines Gedichts zulässt.

Bedenkt man, dass manche Gedichte in chinesischen Kommentaren bereits relativ früh nach ihrer Entstehung unterschiedlich gedeutet wurden, dann lässt sich vielleicht erahnen, wie schwierig es ist, die Distanz für Leser zu überbrücken, die in einer völlig anderen Zeit und Kultur aufgewachsen sind. So ist vor allem die Mehrdeutigkeit in einer Übertragung kaum zu vermitteln: erst recht nicht, wenn die Möglichkeit fehlt, die Vielfalt der Interpretationen mit Hilfe von Fußnoten aufzuzeigen. Die Erläuterungen im Anhang sind nämlich ebenso knapp gehalten wie die biografischen Skizzen über die Autoren und die Literaturempfehlungen.

*

Einige Gedichte wurden aus dem Band »Windgeflüster: Chinesische Gedichte über die Vergänglichkeit« (C. H. Beck, *textura*, München 2013) übernommen, einige aus der von Oliver von Criegern, Gudrun Melzer und Johannes Schneider herausgegebenen »Festschrift für Jens-Uwe Hartmann« (*Wiener Studien zur Tibetologie und Buddhismuskunde* 93, Wien 2018). Auch die eine oder andere Kurzbiographie orientiert sich an den beiden Bänden.

Viele haben zum Zustandekommen dieses Buches beigetragen. So waren mir insbesondere die Anregungen von Cai Jiehua, Rebecca Ehrenwirth, Sabine Höllmann, Markus Michalek, Shing Müller, Gisela Muhn, Marc Nürnberger und Christiane Tholen eine große Hilfe. Darüber hinaus haben sich Heinrich Detering, Heinrich Meier und Walther Neupert für die Veröffentlichung eingesetzt. Ausgesprochen konstruktiv und angenehm war die Zusammenarbeit mit dem Verleger, Thedel von Wallmoden, und dem mich betreuenden Lektor, Florian Welling.

Ihnen allen gilt mein aufrichtiger Dank!

Nachweis der Zitate

»*Habe keine Freunde* …«: Lunyu (Kap. 9), Konfuzius zugeschrieben, vermutlich einige Jahrzehnte nach seinem Tod zusammengestellt und im 2. Jh. v. Chr. bearbeitet und ergänzt.

»*Keine Briefe mehr* …«: Auszug aus einem 760 von Du Fu verfassten Gedicht, S. 71.

»*Geboren wurde ich* …«: Shiji (Kap. 62), bis 81 v. Chr kompiliert von Sima Qian.

»*Unter treuen Freunden* …«: Auszug aus einem 842 von Bo Juyi verfassten Gedicht, S. 103

»*Unstet und sprunghaft* …«: Auszug aus einem um 745 von Du Fu verfassten Gedicht, S. 65.

»*Ich trinke nur* …«: Auszug aus einem 806 von Han Yu verfassten Gedicht.

»*In die Berge* …«: Baopuzi Neipian (Kap. 17), um 330 zusammengestellt von Ge Hong.

»*In meine Träume* …«: Auszug aus einem 759 von Du Fu verfassten Gedicht, S. 67.

Hinweise zu den Gedichten

Anonymus

Beim Allmächtigen (vermutlich 2. Jh. v. Chr.)

Das Gedicht lässt erheblichen Interpretationsspielraum. Für die einen handelt es sich um den Treueeid eines Soldaten, für die anderen um den Liebesschwur einer Frau. Die Formulierung »umeinander wissen« in der ersten Zeile steht zumindest in späteren Epochen für einen »treuen Gefährten«.

Altes Gedicht (vermutlich 1. Jh.)

Die Datierung ist ungesichert. Die frühesten Nachweise stammen aus dem 7. Jahrhundert.

Cao Zhi (192-232)

Den Ying-Brüdern zum Geleit (vermutlich 211)

Bei den »Angehörigen der Familie Ying« (so die wörtliche Übersetzung des Titels) handelt es sich wohl um Ying Yang (um 180-217) und Ying Qu (190-252); einige Autoren gehen indes davon aus, dass nur der Erstgenannte in dem Gedicht angesprochen ist. Ausgangspunkt der bevorstehenden Militärexpedition war Luoyang (Provinz Henan), Ziel die Region Ji (im Bereich der heutigen Provinz Hebei). Das Fest fand vermutlich am Nordufer des Huanghe unweit der Meng-Furt (nordöstlich von Luoyang) statt.

Tao Yuanming (365-427)

Guan und Bao (420)

Die beiden Familiennamen im Titel beziehen sich auf die legendäre Freundschaft von Guan Zhong und Bao Shu[ya], die im 7. Jahrhundert v. Chr. lebten.

Antwort an Adjutant Pang (423)

Auszug. Adressat des Gedichts ist Pang Zun, ein Offizier und langjähriger Freund Tao Yuanmings, über dessen Biographie wir ansonsten wenig wissen.

Opfergang (423)

Auszug. Titel abgeändert. Der darin angesprochene Jing Ke wurde vom Verfasser wegen seines 227 v. Chr. gescheiterten Attentats auf den Fürsten von Qin bewundert: den Konkurrenten seines Auftraggebers, des Prinzen von Yan. Das Gedicht schildert den Aufbruch.

Xie Lingyun (385-433)

Auf dem Weg zum Nordberg (um 425)

Auszug. Titel verkürzt. Der Nordberg lag wie der Südberg auf dem riesigen Besitz des Autors.

Gipfelanstieg (um 425)

Auszug. Titel verkürzt. Der bestiegene Berg ist der Shimen (in der heutigen Provinz Zhejiang), wo der Autor einen Landsitz hatte.

Wang Bo (650-676)

Amtmann Du mit auf den Weg gegeben (um 667)

Titel und Text verkürzt (ohne Ortsangaben). Herr Du (persönlicher Name und Biographie ungeklärt) bricht von den »drei Ländereien von Qin« (der Region um die Metropole Chang'an) auf nach Shuzhou bzw. zu den »fünf Furten« (jeweils Begriffe für die heutige Provinz Sichuan).

Meng Haoran (689-740)

Besuch auf dem Gehöft des alten Freundes (vermutlich um 730)

Der »alte Freund« lässt sich nicht identifizieren; der zuweilen geäußerte Verdacht, es habe sich um Wang Wei (701-761) gehandelt, lässt sich nicht bestätigen. Der Begriff »Herbstfest« steht für die Feier am neunten Tag des neunten Monats, wenn in der Regel die Chrysanthemen blühen.

Die Besteigung des Xianshan mit Freunden (erste Hälfte des 8. Jhs.)

Der Berg liegt in der Nähe der Stadt Xiangyang in der heutigen Provinz Hubei, wo der Verfasser den größten Teil seines Lebens verbrachte. Die weiteren Ortsbezeichnungen sind verkürzt wiedergegeben. Die »Insel« steht für die »Fischreuseninsel« inmitten des Han, die »Auen« beziehen sich auf die unter dem Namen »Wolkenträume« bekannten Feuchtgebiete in der Nähe. Yang Hu (bzw. Yang Gong oder »Herzog Yang«) lebte von 221-278 und bestieg den Xianshan mehrfach mit Freunden. Die in Erinnerung daran errichtete Steintafel erhielt später von seinem Amtsnachfolger Du Yu (222-285) den Namen »Stele der herunterlaufenden Tränen«.

Li Qi (690–751)

Chen Zhangfu zum Abschied (erste Hälfte des 8. Jhs.)

Über den Adressaten des Gedichts ist wenig überliefert. Gesichert ist lediglich, dass er aus der Gegend von Jiangling in der heutigen Provinz Hubei stammt.

Li Bo (701–762)

Meng Haoran zum Geleit (730)

Titel verkürzt (ohne Ortsangaben). Der Turm des gelben Kranichs stand in Wuhan (Provinz Hubei), von wo aus sich Meng Haoran (689-740) auf dem Yangzi nach Guangling bzw. Yangzhou (Provinz Jiangsu) begab.

Beim Bechern (732)

Auszug

Dem Freund zum Abschied (754)

Die umwallte Stadt ist Xuancheng in der heutigen Provinz Anhui; der im Osten vorbeifließende Strom ist der Shuiyang, ein Zufluss des Yangzi.

Yin Shu zum Geleit (754)

Auszug. Yin Shu steht für Li Hanguang (683-769), einen namhaften daoistischen Meister.

In Trauer um den alten Ji, den besten Brauer von Xuancheng (761)

Die Stadt Xuancheng liegt in der heutigen Provinz Anhui. Das »alte Märzen« (wörtlich: »alter Frühling«) war eine bekannte Biermarke.

Wang Wei (701-761)

Zu San zum Geleit (um 725)

Titel verkürzt (ohne Ortsangabe). Wang Wei wurde relativ rasch nach der erfolgreichen Hauptstadtprüfung nach Qizhou (in der heutigen Provinz Shandong) strafversetzt. Dort besuchte ihn der ungefähr gleichaltrige Beamte und Dichterfreund Zu San (geläufiger unter dem Namen Zu Yong, Lebensdaten etwa 699-746).

Shen Zifu zum Geleit (um 740)

Titel verkürzt. Verwertbare biographische Daten liegen zu Shen Zifu nicht vor. Bei dem Strom handelt es sich um den Yangzi.

In Trauer um Yin Yao (748)

Der im Titel genannte Freund lebte von 709 bis 748. Die von Wang Wei verwendete buddhistische Terminologie lässt sich nicht immer beibehalten. *Wuxing* (»Gestaltlosigkeit«, »Immaterialität«) wurde daher mit »Nichts« wiedergegeben. *Wusheng* (eigentlich »nicht geboren werden«) bedeutet hier »dem Geburtenkreislauf entrinnen« (und damit das Ende irdischen Leids erreicht zu haben). Der Brauch, zur Trauerfeier oder zur Beisetzung Geschenke mitzubringen, war weit verbreitet und ist auch heute noch anzutreffen.

Weidenwogen (um 750)

Die abgebrochenen Zweige der Weide (*liu*) sollten die in die Ferne ziehenden Freunde zum Verbleib (*liu*) auffordern.

Yuan Er zum Geleit (um die Mitte des 8. Jhs.)

Titel verkürzt. Yuan Er, zu dem keine näheren Informationen vorliegen, brach zu einer offiziellen Mission in die am Nordsaum der Taklamakan gelegene Garnisonsstadt Anxi (Kucha im heutigen Xinjiang) auf. Weicheng liegt unweit der damaligen Hauptstadt Chang'an (Xi'an in der Provinz Shaanxi), der Yang-Pass südwestlich von Dunhuang (Provinz Gansu).

Du Fu (712-770)

Freundschaft in Zeiten der Not (um 745)

Guan Zhong und Bao Shuya lebten im 7. Jahrhundert v. Chr.; sie werden für ihre unverbrüchliche Freundschaft gepriesen.

Träumend von Li Bo (759)

Der erwähnte Strom ist der Yangzi. Li Bo (701-762) war zwei Jahre zuvor nach Yelang (in der heutigen Provinz Guizhou) verbannt worden. Noch vor seiner Ankunft erreichte ihn die Begnadigung.

Der Sonderling (760)

Auszug. Du Fu beschreibt hier die eigene prekäre Lage in einem Dorf, das heute zum Stadtgebiet von Chengdu (Provinz Sichuan) gehört; dort wohnte er in einer »strohgedeckten Hütte« und war literarisch ausgesprochen aktiv.

Lasst die Unterstellungen (765)

Auszug. Titel verkürzt.

Dem ehrenwerten Herrn Chang zum Abschied (765)

Der Adressat des Gedichts lässt sich nicht erschließen.

In Trauer um Minister Li (768)

Gekürzter Auszug. Das Gedicht wurde noch im Todesjahr des im Titel mit seinem Familiennamen angesprochenen Li Zhifang, eines Jugendfreundes des Verfassers, geschrieben. »Wind und Regen« stehen für die Sehnsucht nach dem Verstorbenen.

Sikong Shu (um 720-790)

Wiedersehen (zweite Hälfte des 8. Jhs.)

Titel abgeändert. Der Ort der Handlung (die Herberge *Yunyang guan*) und der Name des im Gedicht angesprochenen Gefährten (Han Shen) sind weggelassen; beide Informationen lassen sich nicht eindeutig identifizieren. Zudem wird im Gegensatz zu dem chinesischen Titel die Begegnung in den Vordergrund gerückt, nicht der Abschied.

Wei Yingwu (737-791)

Herbstnacht (um 788)

Titel verkürzt (ohne Namen und Rang). Die im Gedicht angesprochene Person ist Qiu Dan, ein ehemaliger Beamter von nicht sehr hohem Rang.

Meng Jiao (751-814)

Liu Chun zum Geleit (806)

Titel verkürzt. Er enthält überdies den Ausgangspunkt der Reise (Daliang = Kaifeng) und das Ziel (*ruguan* bezieht sich auf den Passübertritt auf dem Weg nach Chang'an). Zudem verweist auch das Toponym Qin auf die alte Hauptstadt.

Unter einem Dach (806)

Titel verkürzt (ohne Genrebezeichnung). Auszug aus einem längeren Kettengedicht, das der Dichter zusammen mit seinem Freund Han Yu (768-825) verfasst hat.

Han Yu (768-825)

Cliquen (um 790)

Titel verkürzt (ohne Ortsangabe und Personennamen). Das Gedicht ist dem Dichterfreund Meng Jiao (751-814) gewidmet. Der Autor hielt sich Anfang der 790er Jahre zur Prüfungsvorbereitung in der Hauptstadt Chang'an auf.

Xue Tao (768-831)

Dem außerordentlichen Bevollmächtigten Yao mit auf den Weg (um 800)

Der vollständige Name des im Titel genannten Mannes lässt sich nicht erschließen.

Bo Juyi (772-846)

Gedicht anstelle eines Briefs (810)

Auszug. Adressat des Gedichts ist Yuan Zhen (779-831), der im Vorjahr nach gescheiterten Reformversuchen verbannt worden war. Als Zeitraum für die ersten Begegnungen wird im ersten Vers die Regierungsdevise *zhenyuan* (785-804) erwähnt; die gemeinsame Prüfung erfolgte im Jahre 803.

Zechend am Neujahrstag (833)

Titel verkürzt; der darin erwähnte »erste Tag des 7. Jahres« (nach dem traditionellen chinesischen Kalender) entspricht dem 25. Januar 833. Für einen Großteil der Bevölkerung orientierte sich die Altersangabe nicht am individuellen Geburtstag, sondern kollektiv am Neujahrstag. Verallgemeinernd währte eine Lebensspanne damals 60 Jahre (5 abgeschlossene Tierkreiszyklen von jeweils 12 Jahren). Hatte man diese Schwelle überschritten, konnte man wieder »aufleben«. Der angesprochene Freund (Mengde) ist Liu Yuxi (772-842). Die Ortsangaben wurden modifiziert. Suzhou (Wu) liegt in der heutigen Provinz Jiangsu und ist mehr als 900 km von Luoyang (Luo) in der heutigen Provinz Henan entfernt.

Eskapaden (837)

Titel abgeändert; er stellt (wie im folgenden Gedicht) eine Zueignung für Liu Yuxi (772-842) dar. Der hohe Beamte, den man in Verlegenheit brachte, war Pei Du (765-839), ein Freund. In Luoyang war es im Frühling üblich, in der Stadt zu flanieren, nach Blumen Ausschau zu halten und sich mit den Blüten zu schmücken. Allerdings hat der Begriff »Blumensuche« noch eine weitere Bedeutung: »Bordellbesuch«. Es ist anzunehmen, dass sich der Verfasser bewusst doppeldeutig ausgedrückt hat.

Liu Yuxi gewidmet (um 840)

Liu Yuxi (Liu Mengde, 772-842) war der wohl engste Dichter-
freund Bo Juyis in späteren Jahren.

In Trauer um Minister Liu Yuxi (842)

Umgestellt. Im Titel erscheint der Mannesname Mengde. Nicht
in die Übersetzung einbezogen wurden die in den Text einge-
streuten Namen Cao (= Cao Cao, 155-220), Qiu (= Kong Qiu =
Konfuzius, 551-479 v. Chr.) und Weizhi (= Yuan Weizhi = Yuan
Zhen, 779-831).

In dankbarer Erinnerung an die alten Freunde (842)

Auszug. Die vier Freunde waren Li Biaozhi (verst. 821), Yuan
Zhen (verst. 831), Cui Huishu (verst. 833) und Liu Yuxi (verst.
842).

Liu Zongyuan (773-819)

An meine Freunde in der Hauptstadt (um 817)

Titel verkürzt. Aus ihm geht überdies hervor, dass der Verfasser
die erwähnten Berge zusammen mit dem Mönch Hanchu (ge-
naue Lebensdaten nicht erschließbar), einem Anhänger des
Zen-Buddhismus, betrachtete. Liu Zongyuan war 815 in die
von einer Karstlandschaft geprägte Präfektur Liuzhou (in der
heutigen Provinz Guangxi) versetzt worden.

Yuan Zhen (779-831)

Träumend von Li Shen (815)

Titel verkürzt. In ihm wird ansonsten (ebenso wie in der letzten Zeile) der nicht identifizierbare Ort Changtan erwähnt. Li Shen (772-846) war eng mit dem Verfasser befreundet.

Dankschreiben an Bo Juyi, der regelmäßig von mir träumt (818)

Im Titel der Mannesname Letian. Bo Juyi (772-846) war über viele Jahre hinweg einer der engsten Freunde des Verfassers.

Befindlichkeit (821)

Im Jahre 821 erreichte die Karriere mit der Ernennung zum Präsidenten der Hanlin-Akademie einen Höhepunkt. Der Adressat des Gedichts lässt sich nicht mit Sicherheit erschließen.

Yu Xuanji (844-868)

Für Wen Feiqing anlässlich einer Winternacht (um 865)

In diesen Zeilen spricht die Verfasserin den namhaften Dichter Wen Tingyun (812-870) an. Die zuweilen geäußerte Vermutung, die beiden hätten eine »lange Liebesbeziehung« gehabt, wird durch die Quellen nicht gedeckt.

Wei Zhuang (836-910)

Zur Aufmunterung eines Freundes (zweite Hälfte des 9. Jhs.)

Der vom Verfasser in mehreren Gedichten verwendete Titel (*pusa man*) wurde abgeändert. Er bezieht sich lediglich auf die

Melodie oder das Vermaß, hat aber keinen inhaltlichen Bezug zum Text.

Mei Yaochen (1002-1060)

Zum Tod von Ouyang Xius Tochter (1045)

Auszug. Titel verkürzt; in ihm wird der Mannesname (Yongshu) des befreundeten Staatsmanns und Dichters Ouyang Xiu (1007-1072) verwendet. Der Autor war von der Nachricht, die ihn beim Aufbruch von Kaifeng erreichte, nicht zuletzt deshalb berührt, weil er selbst ihm Vorjahr seine Frau und einen Sohn verloren hatte.

Herbstgedanken (1047)

Auszug. Titel verkürzt; aus ihm geht hervor, dass es sich um die Reaktion auf ein Gedicht von Ouyang Xiu (1007-1072) handelt und dass Inhalt und Form überdies auf das Vorbild von Meng Jiao (751-814) zurückgreifen.

Han Wei (1017-1098)

Das Treffen der acht alten Herren (um 1090)

Titel verkürzt (ohne Personennamen).

Liu Kezhuang (1187-1269)

Trauer um Xue Zishu (um die Mitte des 13. Jhs.)

Belastbare biographische Daten liegen zu Xue Zishu nicht vor. Jintan liegt im Südwesten der Provinz Jiangsu.

Kurzbiographien

Bo Juyi (Bai Juyi), 772-846. Aus einer verarmten Beamtenfamilie 149 stammend, absolvierte er zügig die Staatsprüfungen. Zunächst gelang ihm der Aufstieg innerhalb der Bürokratie relativ rasch, da er aber – insbesondere bei sozialen Missständen – ein offenes Wort nicht scheute, kam es später mehrfach zu Brüchen in der Karriere. Genuss war ihm nicht fremd. Mit dem Alter hatte er zuweilen zu kämpfen. Die vergleichsweise schlichte, von manchen Kritikern als rustikal empfundene Form verschaffte dem Autor bereits zu Lebzeiten große Popularität.

Cao Zhi, 192-232. Der Sohn des berühmten Feldherrn Cao Cao (155-220) gilt als bedeutendster Dichter in der Umbruchzeit am Ende der Han-Dynastie. Ein Leben lang angeblich den Drangsalierungen seines Bruders Cao Pi (187-226), des späteren Kaisers Wen, ausgesetzt, schuf er nicht nur in der Lyrik Werke von Rang. Auch Throneingaben und Briefe fanden Eingang in den literarischen Kanon. Allerdings sind vermutlich nicht alle Schriften, die seinen Namen tragen, authentisch.

Du Fu, 712-770. War einer der bedeutendsten Dichter Chinas. Enger Freund von Li Bo (701-762). Der Spross einer angesehenen Familie scheiterte mehrfach bei den Beamtenprüfungen und erlangte erst relativ spät Zugang zum Hof. Aufgrund seiner unbeugsamen Haltung blieb ihm jedoch eine dauerhafte Karriere versagt. Die letzten zwölf Jahre seines Lebens führte er ein unstetes Leben fern der Hauptstadt. In dieser Zeit, die nicht selten von existentieller Not begleitet wurde, entstand die Mehrzahl seiner Gedichte. Erst lange nach seinem Tod stellte sich der Ruhm ein. Dieser wirkt bis heute nach: weniger wegen der sprachlichen Raffinesse und des zuweilen aufblitzenden Humors denn wegen der politischen und sozialen Sensibilität, die in seinen Werken immer wieder zum Ausdruck kommt.

Han Wei, 1017-1098. Seiner Familie entstammten mehrere Minister. Er selbst hatte zeitweilig hohe Ämter am Hofe inne und war, als Wang Anshi (1021-1086) an die Macht kam, einer der schärfsten Widersacher des von ihm eingeleiteten Reformkurses. Andererseits stand er mit dem Kanzler und anderen Intellektuellen seiner Zeit in einem regen geistigen Austausch, wozu auch die Kommunikation mit Hilfe von Gedichten zählte. Ein Großteil seines Werks ging in den Wirren der Zeit verloren, Teile wurden jedoch nach seinem Tod wieder zu einem Korpus vereint.

Han Yu, 768-825. Die Karriere des Beamten, der aus kleinen Verhältnissen stammte, zeigt einige Brüche. Zeitweilig war er Zensor, um nach kurzer Dienstzeit gleich wieder verbannt zu werden. Er gilt im Allgemeinen als rational ausgerichteter Konfuzianer, der dem Daoismus und dem Buddhismus äußerst skeptisch gegenüberstand. Seine Prosa hat ihn weit berühmter gemacht als seine Lyrik. Die Mehrzahl seiner Texte hat einen politischen Hintergrund; zuweilen wird darin Sozialkritik geäußert, nicht selten kann man aber auch einen ironischen Unterton entdecken. Manche seiner Schilderungen überschreiten die Grenze zur Satire.

Li Bo (Li Bai, Li Taibo), 701-762. Neben Du Fu (712-770) gilt er als der herausragende Dichter Chinas, im Westen ist er jedoch weit bekannter als der kongeniale Freund. Er entstammte einer in Ungnade gefallenen Familie, nahm nie an einer Beamtenprüfung teil und erlangte dennoch eine angesehene Stellung an der kaiserlichen Akademie: wenn auch nur für kurze Zeit; denn in die höfischen Gepflogenheiten wollte er sich nicht fügen. Zudem schätzte er den Genuss von Bier und Wein, was sich auch in seinen Gedichten niederschlägt. Keinen Bezug zur Realität hat indes die davon abgeleitete Überlieferung, er sei bei dem Versuch ertrunken, den Mond zu umarmen, der sich im See spiegelte. Unverkennbar ist der Einfluss daoistischen Gedankenguts in seinem Werk. Es soll mehr als 1000 Gedichte umfassen, doch sind viele davon spätere Zuschreibungen.

Li Qi, 690-751. Der Dichter, dessen Biographie nicht vollständig zu rekonstruieren ist, verbrachte eine Reihe von Jahren in Chang'an und Luoyang, wo er am Hof und in dessen Umfeld als Beamter tätig war. Vor allem der letztgenannten Stadt fühlte er sich besonders verbunden. Li Qi gilt als Exzentriker und war in einen größeren Kreis von Poeten (unter anderem Wang Wei, 701-761) eingebunden; sein Spätwerk ist durch Li Bo (701-762) beeinflusst.

Liu Kezhuang, 1187-1269. Der Beamte hatte verschiedene Positionen in der Provinzverwaltung und bei Hofe inne. Seine Karriere war zwar nicht von großen Erfolgen gekrönt, doch gelangte er im Laufe seines langen Lebens zu beträchtlichem Wohlstand. Trotzdem zeigte er sich in seinen Schriften zuweilen als engagierter Kritiker sozialer Missstände. Er hinterließ ein umfangreiches Werk, das neben Epitaphen und Kolophonen auch zahllose Gedichte umfasst, die an Ereignisse im persönlichen Umfeld geknüpft sind: darunter nicht zuletzt an den Abschied von Angehörigen und Freunden.

Liu Zongyuan, 773-819. Wie sein Vater war der berühmte Poet im Zensorat der Hauptstadt Chang'an tätig, bevor er, in Konflikte am Kaiserhof verwickelt, an die südliche Peripherie des Reichs verbannt wurde. Mit einer kurzen Unterbrechung verbrachte er die letzten 14 Jahre seines Lebens zunächst in Yongzhou (Provinz Hunan) und dann in Liuzhou (Provinz Guangxi). Dort hielt er einerseits die Schönheit der Natur in seinen Versen fest, andererseits die Ungerechtigkeit des Schicksals. Von seinem lyrischen Werk sind rund 180 Gedichte erhalten.

Mei Yaochen, 1002-1060. Scheiterte mehrfach bei den Beamtenprüfungen, erhielt aber durch die Fürsprache seines einflussreichen Onkels die Gelegenheit zur Profilierung bei Hofe. Er forderte die Rückbesinnung auf konfuzianische Werte, nahm aber auch buddhistisches Gedankengut in seine Schriften auf. Viele seiner insgesamt rund 2800 Gedichte widmen sich – verbunden mit einem sozialkritischen Unterton – den Banalitäten des Alltags, wobei zuweilen auch ein hintergründiger Humor durchscheint.

Meng Haoran, 689-740. Entstammte einer begüterten Familie. Sein Wunsch, in der Hauptstadt Karriere zu machen, ging jedoch nicht in Erfüllung. Nach dem Misserfolg beim Examen zog er sich wieder aufs Land zurück und schuf beeindruckende Naturbeschreibungen, blieb aber – trotz einiger Reisen – in mancherlei Hinsicht etwas »provinziell«. Obschon er von Wang Wei und anderen namhaften Autoren unterstützt wurde, beklagte er sich in den Gedichten immer wieder über sein Schicksal und die mangelnde Anerkennung.

Meng Jiao, 751-814. Aus einfachen Verhältnissen stammend, legte der Dichter zwar die einschlägigen Beamtenprüfungen ab, doch war seine Karriere von keinen großen Erfolgen gekennzeichnet. Das macht sich auch in seinen Gedichten bemerkbar, von denen ein Großteil entweder larmoyant oder aggressiv anmutet; es finden sich darin aber immer wieder expressive Passagen, die auf ein weit überdurchschnittliches Talent verweisen. Er zählte zu dem Kreis um Han Yu (768-825), mit dem zusammen er auch einige Kettengedichte verfasste.

Ruan Ji, 210-263. Der Spross einer angesehenen Familie zählte zu den »Sieben Weisen vom Bambushain«, die in politisch höchst unruhiger Zeit die Zurückgezogenheit priesen und ihre Weltflucht durch alkoholische Exzesse und Drogenexperimente unterstrichen. Berühmt ist sein Zyklus »82 Weisen von den Empfindungen«, in dem er – wenn auch teilweise verschlüsselt – seine innersten Regungen preisgibt. Später bezogen sich viele namhafte Dichter inhaltlich wie formal auf dieses Werk.

Shao Yong, 1011-1077. War in erster Linie Philosoph und gilt als bedeutender Vertreter des aufkeimenden Neokonfuzianismus. Er wurde aber auch durch den Daoismus beeinflusst und liebte numerologische Spekulationen. Alle Ämter, die ihm angetragen wurden, lehnte er ab und pries stattdessen das ländliche Idyll. Viele seiner Gedichte befassen sich mit menschlichem Glück und bezeugen einen nahezu unerschütterlichen Optimismus.

Sikong Shu, um 720-790. Aus einfachen Verhältnissen stammend, setzte sich der Träger des vergleichsweise seltenen zweisilbigen Familiennamens zwar bei den Prüfungen durch, hatte aber als Beamter keine großen Erfolge. Zeitweilig musste er in der Verbannung leben. In seinen Gedichten griff er unter anderem soziale Probleme auf.

Su Shi (Su Dongpo), 1037-1101. War fast gleichermaßen berühmt als Staatsmann, Poet, Kalligraph und Maler. Seine Karriere bei Hofe, wo er zeitweilig hohe Ämter innehatte, wurde immer wieder unterbrochen. Mehrfach mit Verbannung belegt, entging er einmal nur knapp der Todesstrafe. Er verknüpfte konfuzianische, daoistische und buddhistische Elemente auf eine sehr eigenständige Weise. Sein literarisches Schaffen ist breit gefächert. Viele seiner Gedichte setzen sich mit der sozialen Realität auseinander, nicht wenige sind von einem heiteren, gelegentlich auch ironischen Unterton getragen.

Tao Yuanming (Tao Qian), 365-427. Gilt als bedeutendster Dichter seiner Epoche. Seine Beamtenkarriere brach er frühzeitig ab und zog sich frustriert aufs Land zurück. Zu Lebzeiten blieb ihm der Ruhm weitgehend versagt, auch die Literaturkritik vernachlässigte ihn zunächst. Erst einige Jahrhunderte nach seinem Tod fand er größere Anerkennung: wohl nicht zuletzt deshalb, weil das Hauptthema seines Schaffens – der Widerstreit zwischen gesellschaftlicher Verantwortung und privater Neigung – immer wieder neue Aktualität gewann.

Wang Bo, 650-676. Der jung verstorbene Poet hatte unter seinen Vorfahren eine Reihe namhafter Dichter. Er wurde wegen eines anspielungsreichen Werks über seinen aus kaiserlichem Hause stammenden Dienstherren in den Süden des Reichs verbannt.

Dort soll er überdies zur Verdeckung einer anderen Straftat einen Mord begangen haben. Zunächst vor allem für seine höfische Lyrik gerühmt, widmete er sich im Lauf der Zeit auch Alltagsthemen. In China weithin bekannt sind die folgenden Zeilen: »Solange aber auf der Welt noch einer lebt, der um Dich weiß, wirkt selbst der Horizont zum Greifen nah.« Sie sollen die Beziehung zweier Freunde veranschaulichen, die in großer Entfernung voneinander leben.

Wang Wei, 701-761. Vielleicht der genialste Künstler seiner Zeit. Er wirkte nicht nur als Dichter, sondern auch als Maler und Komponist. Trotz gelegentlicher Rückschläge verlief seine Karriere sehr erfolgreich, und er hatte zeitweilig hohe Ämter inne. Zur Lebensmitte wandte er sich verstärkt dem Buddhismus (Chan bzw. Zen) zu, ohne jedoch daoistisches Gedankengut völlig auszublenden. Berühmt ist insbesondere seine Naturlyrik: namentlich die vergleichsweise schlichten Verse, die er auf seinem Landgut in Wangchuan verfasste. Die in den Texten vermittelten Bilder bezeugen häufig den Blickwinkel des Malers. Überdies gibt es in einigen Gedichten Passagen, die heute geradezu »surreal« anmuten.

Wei Yingwu, 737-791. Die Herkunft aus einer einflussreichen Familie ermöglichte es ihm, eine Beamtenkarriere einzuschlagen, obwohl er sich nie den Prüfungen stellen musste, die eigentlich die Voraussetzung dafür bildeten. In seinen Gedichten stehen freilich Themen im Vordergrund, die sich nicht unter die gängige Vorstellung eines funktionierenden Staatswesens subsumieren lassen. Ein Motiv, das er regelmäßig aufgriff, war der Einsiedler, er war aber auch ein präziser Beobachter des bäuerlichen Lebens und befasste sich intensiv mit den sozialen Gegensätzen des auseinanderbrechenden Tang-Reichs.

Wei Zhuang, 836-910. Nach einem eher holprigen Karrierebeginn wurde der Sprössling einer literarisch ambitionierten Familie Minister unter einer der kurzlebigen Dynastien, die sich beim Zusammenbruch des Tang-Reichs herausbildeten. Er schuf ein umfangreiches lyrisches Werk, in dem die »Lieder« (ci) herausragen. In ihnen entwickelte er eine Form der Dichtung weiter, die, häufig volkstümliche Elemente enthaltend, an eine bestimmte Melodie oder ein vorgegebenes Metrum gebunden war.

Xie Lingyun, 385-433. Einer der mächtigsten Familien seiner Zeit entstammend, hatte der schon zu Lebzeiten gepriesene Poet verschiedene hohe Ämter inne, bevor er sich 423 erstmals für längere Zeit auf sein Landgut in der heutigen Provinz Zhejiang zurückzog. Dort schuf er eine ganze Reihe von Gedichten, die vordergründig der Wahrnehmung der Natur gewidmet sind, dabei aber stets eine philosophische Dimension haben und Überlegungen über die Gesetze des Kosmos einbeziehen. Ein in seiner Lyrik immer wieder thematisiertes »Leben in Genügsamkeit« führte er freilich nicht. In Ungnade gefallen, wurde er 432 in den Süden des Reichs verbannt und im folgenden Jahr hingerichtet.

Xue Tao, 768-831. Die Tochter eines kleinen Beamten verdingte sich nach dem Tod des Vaters als Kurtisane. Sie pflegte die Bekanntschaft mit einflussreichen Persönlichkeiten und namhaften Dichtern: darunter Bo Juyi (772-846). Von den rund 450 Gedichten, die sie hinterließ, sind nur 91 erhalten. Viele davon wenden sich an einen bestimmten Adressaten. Bei den Themen stehen Liebe, Sehnsucht und Abschied im Vordergrund. Sie ist bis heute eine der bekanntesten Autorinnen der chinesischen Geschichte.

Yu Xuanji, 844-868. Bereits in jungen Jahren wurde die später geradezu verklärte Dichterin von einem hohen Beamten zur Konkubine genommen, doch währte diese Liaison nicht lange. Später trat sie in ein daoistisches Nonnenkloster ein, hielt aber den Kontakt zur Außenwelt: darunter eine ganze Reihe namhafter Poeten wie Wen Tingyun (812-870). Die Überlieferung will, dass sie im Alter von 24 Jahren wegen eines Mordes hingerichtet wurde, doch ist diese Angabe ebenso wenig belegbar wie viele andere vermeintlich biographische Details.

Yuan Zhen, 779-831. Der Nachfahre eines ehemaligen Herrscherhauses schloss eine lebenslange Freundschaft mit Bo Juyi (772-846), mit dem zusammen er zeitweilig an der Palastbibliothek tätig war. Er machte rasch Karriere bei Hofe und erlangte höchste Ämter; unter anderem wirkte er als Präsident der Hanlin-Akademie. Wegen seiner eher auf Ausgleich bedachten Politik und seiner Reformbemühungen immer wieder angefeindet, verbrachte er schließlich viele Jahre auf eher unbedeutenden Provinzposten. Viele seiner Gedichte setzen sich mit Zerstörung, Trauer und Freundschaft auseinander.

Weiterführende Literatur
Bücher in westlichen Sprachen

Bauer, Wolfgang: China und die Hoffnung auf Glück. Paradiese, Utopien, Idealvorstellungen. München 1971.

Billings, Timothy (Hg.): Matteo Ricci, on Friendship. One Hundred Maxims for a Chinese Prince. New York 2009.

Birrell, Anne: Popular Songs and Ballads of Han China. Honolulu 1993.

Bynner, Witter: Three Hundred Poems of the T'ang Dynasty, 618-906. Taipei 1963.

Cai Zong-qi: How to Read Chinese Poetry: A Guided Anthology. New York 2008.

Carré, Patrick: Les saisons bleues. L'œuvre de Wang Wei poète et peintre. Paris 2004.

Chang, Kang-i Sun: Six Dynasties Poetry. Princeton 1986.

Chang, Kang-i Sun & Owen, Stephen: The Cambridge History of Chinese Literature. Bd. 1. Cambridge 2010.

Chang Kang-i Sun & Saussy, Haun: Women Writers of Traditional China. An Anthology of Poetry and Criticism. Stanford 1999.

Chapuis, Nicolas: Tristes automnes. Poétique de l'identité dans la Chine ancienne. Paris 2001.

Chen Mingxiang & Heider, Hildburg: Frühling im Jadehaus. Klassische chinesische Gedichte. Stuttgart 2009.

Cheng, Françoise: L'écriture poétique chinoise suivi d'une anthologie des poèmes des T'ang. Paris 1977.

Chou, Eva Shan: Reconsidering Du Fu. Literary Greatness and Cultural Context. Cambridge 1995.

Cutter, Robert Joe: Cao Zhi (192-232) and his Poetry. Ann Arbor 1983.

Davis, Albert Richard: T'ao Yüan-ming. His Works and their Meaning. Cambridge 1983.

Debon, Günther: Li Tai-bo. Gedichte. Stuttgart 1962.

Debon, Günther: Mein Weg verliert sich fern in weißen Wolken ... Chinesische Lyrik aus drei Jahrtausenden. Heidelberg 1988.

Debon, Günther: Chinesische Dichtung. Geschichte, Struktur, Theorie. Leiden 1989.

Demiéville, Paul: Anthologie de la poésie chinoise classique. Paris 1962.

Diény, Jean-Pierre: Aux origines de la poésie classique en Chine. Leiden 1968.

Dunn, Hugh: The Life of a Princely Chinese Poet. Peking 1983.

Eich, Günter: Aus dem Chinesischen. Frankfurt a. M. 1976.

Egan, Ronald C.: Word, Image, and Deed in the Life of Su Shi. Cambridge (Mass.) 1994.

Emmerich, Reinhard (Hg.): Chinesische Literaturgeschichte. Stuttgart 2004.

Fuller, Michael F.: The Road to East Slope. The Development of Su Shi's Poetic Voice. Stanford 1990.

Hawes, Colin S. C.: The Social Circulation of Poetry in the Mid-Northern Song. Emotional Energy and Literati Self-Cultivation. Albany 2005.

Hermann, Marc et al.: Biographisches Handbuch chinesischer Schriftsteller. Leben und Werke. Geschichte der chinesischen Literatur. Bd. 9. München 2011.

Hightower, James Robert: Topics in Chinese Literature. Cambridge (Mass.) 1950.

Hightower, James Robert: The Poetry of T'ao Ch'ien. Oxford 1970.

Hinch, Bret: Passions of the Cut Sleeve. The Male Homosexual Tradition in China. Berkeley 1990.

Hinton, David: The Selected Poems of Tu Fu. London 1990.

Hoffmann, Alfred: Frühlingsblüten und Herbstmond. Lieder aus der Sung-Zeit. Köln 1951.

Höllmann, Thomas O.: Windgeflüster. Chinesische Gedichte über die Vergänglichkeit. München 2013.

Huang Hongquan: Anthology of Song Dynasty Ci-Poetry. Peking 1988.

Hung, William: Tu Fu. China's Greatest Poet. Cambridge (Mass.) 1952.

Idema, Wilt & Haft, Lloyd: A Guide to Chinese Literature. Ann Arbor 1997.

Kandel, Jochen: Das chinesische Brevier vom weinseligen Leben. Heitere Gedichte, beschwingte Lieder und trunkene Balladen der großen Poeten aus dem Reich der Mitte. Bern 1985.

Keller, Raffael: Du Fu. Gedichte. Mainz 2009.

Klöpsch, Volker: Der seidene Fächer. Klassische Gedichte aus China. München 2009.

Klöpsch, Volker (Hg.): Chinesische Liebesgedichte. Frankfurt 2009.

Klöpsch, Volker & Müller, Eva: Lexikon der chinesischen Literatur. München 2004.

Knechtges, David R. & Chang Taiping (Hg.): Ancient and Early Medieval Chinese Literature. A Reference Guide. 2 Bde. Leiden 2010-2014.

Kroll, Paul W.: Meng Hao-jan. Boston 1981.

Kroll, Paul W. (Hg.): Reading Medieval Chinese Poetry. Leiden 2015.

Kubin, Wolfgang: Der durchsichtige Berg. Die Entwicklung der Naturanschauung in der chinesischen Literatur. München 1985.

Kubin, Wolfgang: Die chinesische Dichtkunst von den Anfängen bis zum Ende der Kaiserzeit. Geschichte der chinesischen Literatur. Bd. 1. München 2002.

Kubin, Wolfgang (Hg.): Die Fahrt zur roten Wand. Dichtung der Tang-Zeit und ihre Deutung. München 2007.

Lee, Peter H.: Celebration of Continuity. Themes in Classic East Asian Poetry. Cambridge (Mass.) 1979.

Levy, Howard S. & Wells, Henry W.: Translations from Po Chü-i's Collected Works. 4 Bde., San Francisco 1971-1978.

Lin Shuen-fu & Owen, Stephen: The Vitality of the Lyric Voice. Shih Poetry from the Late Han to the T'ang. Princeton 1986.

Liu, James J. Y.: Major Lyricists of the Northern Sung. Princeton 1971.

Liu Shih Shun: One Hundred and One Chinese Poems. Hong Kong 1967.

Liu Wu-chi & Lo, Irving Yucheng: Sunflower Splendor. Three Thousand Years of Chinese Poetry. Bloomington 1990.

Maas, Barbara: Gedichte aus der Tang Dynastie. Norderstedt 2009.

Mair, Victor (Hg.): The Columbia Anthology of Traditional Chinese Literature. New York 1994.

Mather, Richard B.: The Age of Eternal Brilliance. Three Lyric Poets of the Yung-ming Era (483-493). Leiden 2003.

Miao, Ronald C. (Hg.): Studies in Chinese Poetry and Poetics. San Francisco 1978.

Nienhauser, William (Hg.): The Indiana Companion to Traditional Chinese Literature. 2 Bde., Bloomington 1998.

Nylan, Michael: The Five »Confucian« Classics. New Haven 2001.

Oltmann, Harm: Der Begriff »Freundschaft« im Lun Yü des Konfuzius. Hamburg 1992.

Owen, Stephen: The Poetry of Early Tang. New Haven 1977.

Owen, Stephen: The Great Age of Chinese Poetry. The High Tang. New Haven 1981.

Owen, Stephen: Traditional Chinese Poetry and Poetics. Omen of the World. Madison 1985.

Owen, Stephen: Remembrances. The Experience of the Past in Classical Chinese Literature. Cambridge (Mass.) 1986.

Owen, Stephen: An Anthology of Chinese Literature. Beginnings to 1911. New York 1996.

Owen, Stephen: The Late Tang. Chinese Poetry of the Mid-Ninth Century. Cambridge (Mass.) 2006.

Owen, Stephen: The Making of Early Chinese Classical Poetry. Cambridge (Mass.) 2006.

Owen, Stephen: The Poetry of Du Fu. 6 Bde., Boston 2016.

Pohl, Karl-Heinz (Hg.): Tao Yuanming. Der Pfirsichblütenquell. Gesammelte Gedichte. Köln 1985.

Poser, Michael von: Chinesische Gedichte der klassischen Zeit. Wiesbaden 2003.

Ptak, Roderich & Englert, Siegfried (Hg.): Ganz allmählich. Aufsätze zur ostasiatischen Literatur, insbesondere zur chinesischen Lyrik. Heidelberg 1986.

Roetz, Heiner: Mensch und Natur im alten China. Frankfurt a. M. 1985.

Sanders, Graham: Words Well Put. Visions of Poetic Competence in the Chinese Tradition. Cambridge (Mass.) 2006.

Schestag, Eva & Barrio Jiménez, Olga: Von Kaiser zu Kaiser: Die klassische chinesische Lyrik. Eine Anthologie. Frankfurt 2009.

Schmidt, Peter & Regner, Roland: Unentdeckte Welten. Sinnwiedergabe chinesischer Lyrik nach Li Bai. Leipzig 2003.

Schmidt-Glintzer, Helwig: Geschichte der chinesischen Literatur. Von den Anfängen bis zur Gegenwart. München 1999.

Schumacher, Jörg: Wang Wei. Jenseits der weißen Wolken. Die Gedichte des Weisen vom Südgebirge. München 2009.

Schwarz, Ernst: Chrysanthemen im Spiegel. Klassische Chinesische Dichtungen. Berlin 1969.

Shields, Ann M.: One Who Knows Me. Friendship and Literary Culture in Mid-Tang China. Cambridge (Mass.) 2015.

Simon, Rainald: Die frühen Lieder des Su Dong-po. Übersetzung, Kommentar, Interpretation mit vergleichenden Exkursen zur Form des traditionellen Gedichts. Frankfurt 1985.

Sönnichsen, Helga: Ich weiß noch, wie sie kam. Gedichte aus dem chinesischen Mittelalter. Gossenberg 2008.

Soong, Stephen C.: Song Without Music. Chinese Tz'u Poetry. Hong Kong 1980.

Soong, Stephen C.: A Brotherhood in Song. Chinese Poetry and Poetics. Hong Kong 1985.

Stimson, Hugh M.: T'ang Poetic Vocabulary. New Haven 1976.

Stimson, Hugh M.: Fifty-five T'ang Poems. A Text in the Reading and Understanding of T'ang Poetry. New Haven 1976.

Stumpfeldt, Hans: Einundachtzig Han-Gedichte. Gossenberg 2009.

Swartz, Wendy: Reading Tao Yuanming. Shifting Paradigms of Historical Reception. Cambridge (Mass.) 2008.

Tian Xiaofei: Beacon Fire and Shooting Star. The Literary Culture of the Liang (502-557). Cambridge (Mass.) 2007.

Turner, John A.: A Golden Treasury of Chinese Poetry. Hong Kong 1976.

Varsano, Paula M.: Tracking the Banished Immortal. The Poetry of Li Bo and its Critical Reception. Honolulu 2003.

Wagner, Marsha L.: Wang Wei. Boston 1981.

Wagner, Marsha L.: The Lotus Boat. The Origin of Tz'u Poetry in Tang Popular Culture. New York 1984.

Waley, Arthur: The Life and Times of Po Chü-i. London 1949.

Waley, Arthur: The Poetry and Career of Li Po. London 1950.

Waley, Arthur: Chinese Poems. London 1976.

Watson, Burton: Chinese Lyricism. Shi Poetry from the Second to Twelfth Century. New York 1971.

Watson, Burton: The Columbia Book of Chinese Poetry. From Early Times to the 13th Century. New York 1984.

Yip Wai-lim: Chinese Poetry. Major Modes and Genres. Berkeley 1976.

Yoshikawa Kojiro: An Introduction to Sung Poetry. Cambridge (Mass.) 1973.

Yu, Pauline: The Poetry of Wang Wei. New Translations and Commentary. Bloomington 1980.

Yu, Pauline: The Reading of Imagery in the Chinese Poetic Tradition. Princeton 1987.

Zach, Erwin Ritter von: Li T'ai-po. Gesammelte Gedichte. 3 Bde., Wiesbaden 2000-2007.

Zhao Yan & Zithen, Dieter: Leise hör ich Blüten fallen. Gedichte aus der chinesischen Klassik. Gröbenzell 2009.